NOTICE

sur

Louis - Nicolas - Esprit
HERVIEUX

Ancien Pasteur

de l'Eglise Réformée de Monneaux

(AISNE)

Chrétiens Évangéliques Protestants
ÉGLISE RÉFORMÉE
de France
CONSISTORIALE DE MEAUX
(SEINE-ET-MARNE, ETC.)
(Aisne), PAROISSE DE
MONNEAUX-ESSOMES

CHATEAU - THIERRY

IMPRIMERIE ET LITHOGRAPHIE RENAUD

Libraire, Editeur de « l'Echo de l'Aisne »

MDCCCLXVII

NOTICE

sur

Louis - Nicolas - Esprit

HERVIEUX

Ancien Pasteur

de l'Église Réformée de Monneaux

(AISNE)

CHATEAU - THIERRY

IMPRIMERIE ET LITHOGRAPHIE RENAUD

Libraire, Éditeur de « l'Echo de l'Aisne »

MDCCCLXVII

1867

Notice sur Louis - Nicolas - Esprit HERVIEUX

Ancien Pasteur de l'Eglise Réformée de Monneaux

Monneaux, commune d'Essômes, par Château-Thierry (Aisne)
Mai 1867.

S'il est vrai qu'une longue carrière, signalée par une vie chrétienne, doive éveiller de nobles sympathies, c'est à ce double titre qu'il nous est doux de donner une Notice sur Louis-Nicolas-Esprit HERVIEUX, que Dieu a retiré à Lui, dans la nuit du 29 au 30 avril dernier, à l'âge de 85 ans.

Après avoir été, en 1814, Pasteur titulaire à Monneaux, où était alors le siège de la consistoriale, il eut pendant de longues années à desservir les églises de Saacy, Saint-Denis-les Rebais, La Ferté-sous-Jouarre et autres. En 1855, il résigna ses fonctions avec une humilité qui l'honore, parce qu'il craignait de ne plus pouvoir les remplir avec fruit ; mais, jusqu'à son dernier jour, il n'en fut pas moins véritable Pasteur, par l'influence qu'il exerçait parmi nous.

Issu d'une famille originaire des Ardennes, le grand père de M. Hervieux habita longtemps Vaux, commune d'Essômes, où il était simple artisan. Son père, Jean-Baptiste Hervieux, fut Pasteur itinérant, aux époques difficiles du siècle dernier : pour faire face à ses occupations compliquées, il lui fallait parcourir de vastes étendues de pays, car il était seul à desservir un territoire que cinq départements se partagent aujourd'hui : il commença par habiter Monneaux, puis les Marchez, commune de Saint-Denis-les-Rebais, où naquit notre ami, ensuite La Ferté-sous-Jouarre, et enfin Meaux, car il dut se fixer dans le département de Seine-et-Marne, où les protestants sont plus nombreux ; mais, s'il résida dans ce département, le groupe de Monneaux n'en fut pas moins cher à son cœur.

puisque les sacrifices des fidèles de ce groupe l'avaient mis en état d'entrer aux études et de se livrer aux fonctions pastorales.

Homme apprécié de ses concitoyens, Jean-Baptiste Hervieux fut appelé, lors de la Révolution, à exercer des fonctions administratives à Melun ; mais il est douloureux d'ajouter que cette époque, connue sous le nom de Terreur, lui fut fatale. Il lui était arrivé d'exprimer sa pensée, en disant qu'un monarque était nécessaire à la France ; et cette déclaration l'ayant rendu suspect aux agents ombrageux de la République, il fut traîné à Paris où il périt sur l'échafaud, pour avoir refusé de renier les paroles qu'il avait prononcées..... quoiqu'on l'exhortât à sauver sa tête par une dénégation. C'est ainsi que la vérité chrétienne, qui éclairait son âme, mettait la véracité dans sa bouche. Si nous appuyons sur cette désolante circonstance, c'est pour ajouter que ses deux fils, dont l'un était notre Pasteur récemment décédé, l'accompagnèrent dans ce sinistre voyage de Paris, et que ce dernier put encore adoucir sa captivité en lui portant quelque nourriture dans son cachot de Meaux. Deux ans après cet événement si douloureux, Madame Hervieux, veuve du supplicié, devint épouse du Pasteur Mauru qui, temporellement utile à toute la famille, parcourait la même circonscription que son prédécesseur, dans toute son étendue, et demeurait dans la même ville, à Meaux. De là, il visita souvent le groupe de Monneaux.

Né en la commune de Saint-Denis-les-Rebais (Seine-et-Marne), le cher Pasteur qui vient de nous être retiré, Louis-Nicolas-Esprit Hervieux, dut, par suite du malheur des temps, recevoir, en 1782, le baptême, par le ministère de l'Église catholique romaine ; mais son âme, qui semblait ainsi conquise par l'astuce et la violence, ne devait pas être la proie de cette Église. Plus tard, il comprit de bonne heure que le baptême qui sauve, c'est l'engagement d'une bonne conscience devant Dieu, par la résurrection qui est en J.-C. ; et ce fut à l'âge de 14 ans, qu'il se sentit atteint de la vérité selon Dieu. Il était frappé de la parole qui nous annonce que *le juste péche sept fois le jour ;* et ses convictions devinrent plus prononcées, quand il eut appris à connaître un ouvrage intitulé *Économie du Péché,* par Poiret, pasteur réfugié en Hollande. « *C'est alors,* » dit-il, « *que je lus et que je fus convaincu, que l'homme ne péche pas seulement sept fois le jour, mais qu'il péche continuellement, tant qu'il ne vit qu'en lui-même,* » c'est-à-dire dans son état de nature.

Dans ces livres, il trouva quelques détails sur Antoinette Bourignon, personne célèbre par sa piété, lorsque son beau-père, M. Mauru, dans un voyage qu'il fit à Paris, les acheta et les plaça dans sa bibliothèque; notre ami les y ayant aperçus, sauta de joie, les lut avec une avidité telle, qu'il encourut, de la part de sa mère, le reproche d'avoir usé trop de chandelles à cette lecture, dont ses parents cherchaient à le détourner, le voyant devenu si sérieux. Fidèle à ses premières impressions, il se plut toujours à parler avec reconnaissance de Poiret et d'Antoinette Bourignon.

Étant en juillet 1807 à Lausanne, pour y faire ses études, notre cher M. Hervieux fit connaissance d'amis chrétiens qui lui donnèrent des écrits qui sont pour le fidèle des directions beaucoup plus claires et plus positives que les ouvrages déjà cités; ce fut alors que Saint-Martin, Bœhme, et plusieurs théosophes allemands commencèrent à faire ses délices.

Puis il devint, en 1811, Pasteur titulaire de l'église de Monneaux où son père s'était montré, avec tant de sollicitude, Pasteur itinérant jusqu'en 1793, et où le vœu des fidèles avait appelé son beau-père, quand la restauration des cultes se prépara en 1804. Là, durant ses fonctions officielles comme après sa démission, il fut entouré d'un cercle d'amis dont le cœur répondait au sien, et avec lesquels il aimait à lire des livres de vie intérieure pour sanctifier le jour du repos. Ce cercle s'accrut et ainsi s'établit une liaison intime avec des personnes de divers côtés de la Suisse et de l'Allemagne. Ces relations consistèrent en correspondances très sérieuses et très suivies sur la vie chrétienne, ce qui détermina son ami M. Rellstab, de Zurich, à venir habiter chez lui, où ils vécurent ensemble en parfaite harmonie de sentiments, jusqu'au décès de M. Hervieux.

Mais quelques lumières que cet entourage et ces lectures apportassent à son âme, il n'en resta pas moins de plus en plus attaché à l'Évangile, comme étant l'indispensable foyer de toute véritable lumière ; et dans ses dernières correspondances avec M. le professeur Bonifas, il déclarait hautement ne pas connaître de livre équivalent à l'Évangile. Aussi, une lettre qu'il écrivit peu de jours avant sa mort à un ami de la Suisse, exprime-t-elle tout le bonheur dont son âme était inondée, par suite des souffrances de son corps et par le sentiment que son Dieu-Sauveur le rendait vainqueur en combattant pour lui.

Durant les 85 années de sa vie terrestre, notre cher Pasteur Hervieux fut célibataire ; mais si les obligations du mariage lui furent étrangères, il sut réunir, autour de lui, une famille spirituelle de frères en la Foi ; et les charmes de l'amitié dont il honorait ceux qui savaient le comprendre, portaient un caractère paternel qui rend sa mémoire chère à tous les cœurs.

N'oublions pas d'ajouter que, bien connu à Château-Thierry et aux alentours, le Pasteur Hervieux jouissait d'une estime générale, et que l'affluence qui se pressait à son convoi funèbre, témoignait hautement de la considération qu'on lui porta pendant ses cinquante-six ans de résidence dans la contrée.

BOISSARD, Pasteur, Élisée BRIET, Ancien.

« L'Écho de l'Aisne, » journal de Château-Thierry, s'est rendu l'interprète des sentiments de la population, en donnant d'excellents articles sur le défunt, avant et après son inhumation ; et la rédaction de ces articles a vivement intéressé notre troupeau protestant, c'est pourquoi nous les reproduisons pour clore notre Notice :

(Extrait du n° 35 de « l'Écho de l'Aisne, » 1er mai 1867).

« Un cœur d'or a cessé de battre, une âme pure est montée
» au Ciel ; le Seigneur a retiré à Lui l'ancien Pasteur de Mon-
» neaux, Louis-Nicolas-Esprit Hervieux, qui s'est doucement
» éteint plein de jours et de vertus dans la nuit de lundi à
» mardi, à l'âge de 85 ans.
» D'une grande simplicité d'habitudes, d'une irréprochable
» pureté de mœurs, prêchant bien plus par l'exemple que par
» le précepte, la mort du vénérable Pasteur est le premier
» chagrin qu'il cause à tous ceux qui l'ont connu : cette perte
» sera vivement ressentie, par l'Église réformée de Monneaux
» surtout. »

(Extrait du n° suivant du même journal, 4 mai 1867).

« Jeudi ont eu lieu, à Monneaux, les obsèques de l'ancien
» et regretté Pasteur de l'église réformée de Monneaux, Louis-
» Nicolas-Esprit Hervieux, décédé à l'âge de 85 ans, le
» 30 avril.
» Le deuil était conduit par la famille du vénérable défunt
» et par le zélé Pasteur de l'Église de Monneaux, M. Boissard,
» près duquel se tenaient M. le Pasteur Laforgue, de Nanteuil-
» les-Meaux, président de l'Église consistoriale de Meaux, e
» M. le Pasteur Bouvier, de Meaux.

» Nombreuse, bien nombreuse et pieusement recueillie sui-
» vait l'assistance où se trouvaient confondues toutes les con-
» ditions, toutes les croyances : les uns venus de très-loin, les
» autres de bien près, pour donner leur témoignage de haute
» estime, de respectueuse sympathie à celui que la mort venait
» de leur ravir.

» A la maison mortuaire, au temple où le corps a été pré-
» senté, et au champ du repos, les Ministres de l'Évangile ont
» redit les vertus de l'homme éminent qui, durant près d'un
» demi-siècle, enseigna la parole de vie dans l'Église de Mon-
» neaux, et ne résigna l'exercice de son saint ministère que
» par un sentiment d'humilité chrétienne, dont toute sa longue
» existence fut empreinte à un si haut degré.

» Fidèle en tout aux préceptes du Divin Maître, qu'il a fait
» aimer plus encore par ses exemples que par ses paroles, rien
» n'a manqué à ce digne Pasteur pour être véritablement le
» premier entre les serviteurs de Dieu, dans la contrée qu'il
» évangélisait.

» Né en 1782, à Saint-Denis-les-Rebais, d'une famille chré-
» tienne restée toujours sincèrement attachée à la Foi, M. Her-
» vieux, dont le digne père fut décapité à l'époque de la Ter-
» reur pour sa grande fermeté dans ses croyances, avait reçu
» la meilleure éducation et possédait tous les dons de l'esprit
» et du cœur.

» C'était surtout un penseur profond qui, sans en rien affec-
» ter, couvrant d'un doux voile ses hautes lumières, appré-
» ciait et sentait les grandes choses sans dédaigner les petites,
» ne faisant usage de l'esprit que pour rendre plus touchant
» le commerce de l'amitié.

» Ayant beaucoup étudié, beaucoup connu le cœur de
» l'homme, il n'en avait que plus d'indulgence pour les fai-
» blesses, que plus de respect pour les vertus, sans oublier de
» mettre le devoir avant tout.

» Ses mœurs irréprochables faisaient l'agrément et le lien
» de toute société. Dans la simplicité de ses habitudes, il limi-
» tait ses besoins à ce que l'apôtre Paul veut qu'un chrétien se
» borne, au nécessaire; accroissant ainsi, par sa réserve, la
» part des pauvres qui, jamais en vain, ne frappèrent à la
» porte de sa modeste demeure.

» Pour lui, la mort n'a été ni anxieuse ni terrible, elle ne l'a
» ni surpris ni étonné, il marchait dans la voie droite : quand
» son heure est venue, doucement il s'est éteint dans les bras
» de Dieu, et s'en est allé dans cette patrie céleste où les plus
» humbles sur la terre deviennent souvent les plus grands.

» La mort de ce juste, sa longue existence toute consacrée
» au bien, la foule si grande que le temple ne pouvait la conte-
» nir, le soleil illuminant ces honneurs funèbres, ont inspiré
» de nobles, d'éloquentes paroles aux dignes Ministres de
» l'Évangile qui ont fortement impressionné l'assistance : M. le
» Pasteur Bouvier, par sa religieuse onction, s'inspirant aux
» sources pures pour louer le juste; M. le Pasteur Boissard,
» par sa vive et éloquente chaleur, engageant au nom du res-
» pect rendu à la mémoire du défunt, l'enfant à ne point ces-
» ser d'être sage, l'âge mûr à croître en vertus, la vieillesse à
» garder toujours dignes ses cheveux blancs : tous à s'élever,
» s'ennoblir, à ne jamais laisser s'éteindre en eux l'ardeur ver-
» tueuse, dont l'action bienfaisante ne pouvait mieux être
» comparée qu'à celle du soleil si fécond, si radieux en ce
» jour ; — enfin, M. le Pasteur Laforgue, dont les accents
» élevés et convaincus ont affirmé avec tant de puissance et de
» raison le dogme consolateur de « l'immortalité de l'âme. »

» Bien des cœurs étaient gros de pensées, bien des yeux ver-
» saient des pleurs; mais c'étaient pensées et larmes de vrais
» croyants, qui savent que s'il faut un jour quitter cette terre
» où tout périt, la mort qui ne peut rien sur notre âme immor-
» telle, nous rassemblera tous un jour.

» Ces cœurs se rappelleront longtemps, ces yeux pleureront
» encore bien des fois, mais ils se consoleront, parce qu'ils ont
» foi en Celui qui est toute consolation ; et pensant à la félicité
» dont jouit au Ciel leur Pasteur, leur ami, ils s'exciteront de
» plus en plus au bien par le souvenir de ses œuvres. Ils se
» consoleront, parce qu'ils espèrent en l'imitant, l'aller revoir
» en cette patrie où il n'est plus d'affliction. Ils se consoleront,
» tout en parlant souvent de lui, parce que sa mémoire restera
» bénie et que ses œuvres ne s'oublieront jamais.

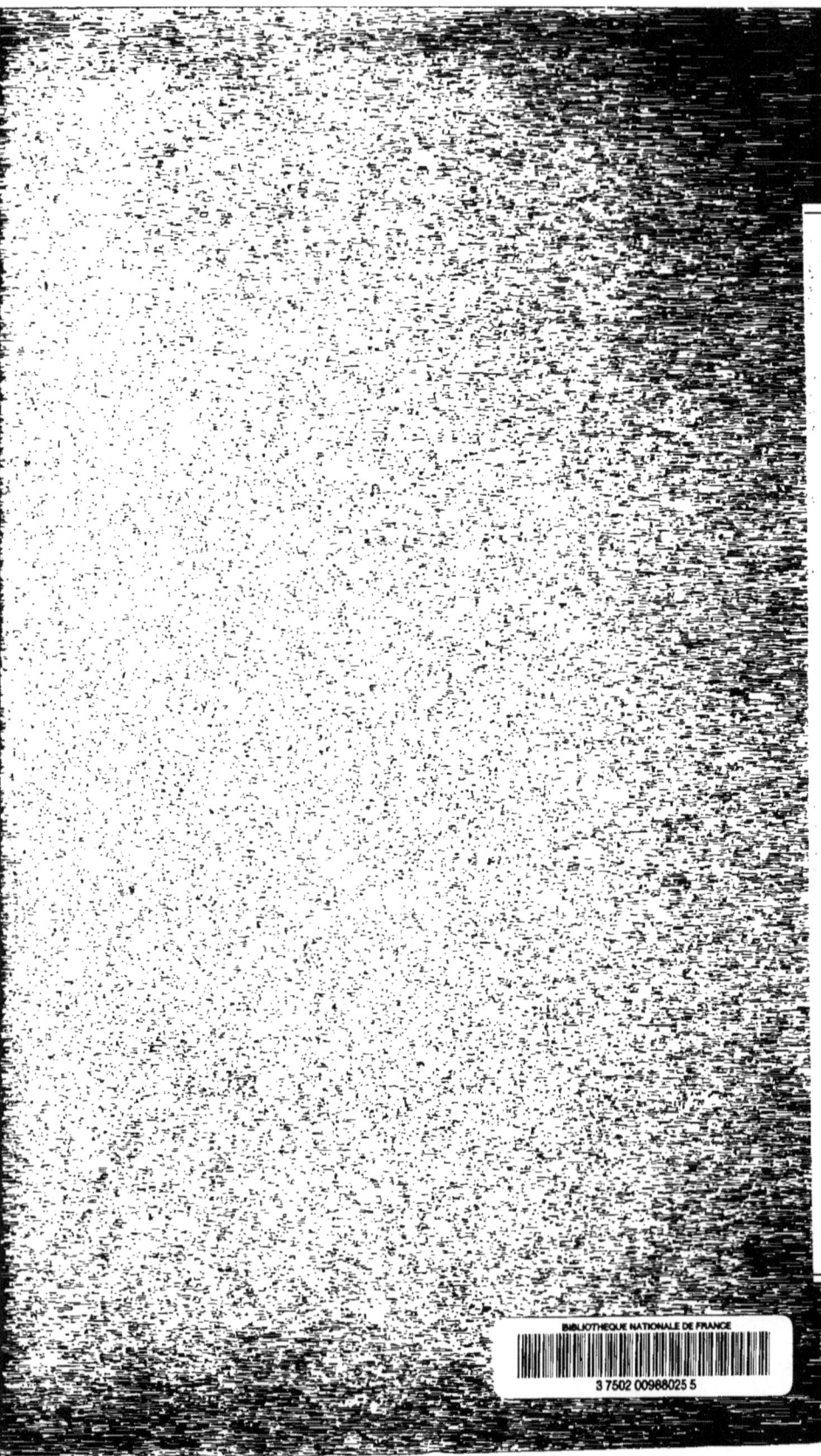

www.ingramcontent.com/pod-product-compliance
Lightning Source LLC
Chambersburg PA
CBHW060443050426
42451CB00014B/3212